AF561610

0e
90

LE

P. DE RAVIGNAN

ET

SES CONTRADICTEURS

IMPRIMERIE DE W. REMQUET ET Cie,

rue Garancière, n. 5.

LE

P. DE RAVIGNAN

ET

SES CONTRADICTEURS

OU

EXAMEN IMPARTIAL
DE L'HISTOIRE DU RÈGNE DE CHARLES III D'ESPAGNE,
DE M. FERRER DEL RIO

PAR

LE COMTE DE LÉTOURVILLE.

PARIS
VICTOR PALMÉ, LIBRAIRE-ÉDITEUR,
22, RUE SAINT-SULPICE.
1858

Grâce à un beau talent, grâce surtout à la sainteté de sa vie qui donnait plus d'autorité à sa parole, le R. P. de Ravignan était parvenu à dissiper la plupart des préjugés, à imposer silence aux calomnies stupides qui avaient longtemps poursuivi l'ordre religieux qu'il embrassa avec une si courageuse conviction. On pouvait donc espérer que les haines aveugles étaient calmées; il n'en était rien. Les accusations passionnées se sont réveillées. Voilà que dans une *Histoire du règne de Charles III* d'Espagne, un académicien espagnol, M. Ferrer del Rio, est venu, sans preuves, sans respect pour les faits acquis, pour ses lecteurs et pour lui-même, donner un démenti à l'histoire.

Le P. de Ravignan se préparait à descendre de nouveau dans l'arène, lorsqu'il est mort léguant à d'autres le soin de défendre la vérité si étrangement méconnue. C'est cette succession que nous venons recueillir; c'est le gant jeté que nous venons relever.

Nous ne nous abusons pas sur notre insuffisance à remplir une pareille tâche, mais nous avons confiance en la puissance de la vérité qui finit toujours par triompher, quelle que soit la faiblesse de ses défenseurs.

LE P. DE RAVIGNAN

ET SES CONTRADICTEURS.

I

Le livre de M. Ferrer del Rio est déjà jugé en Espagne. Du milieu des éloges excessifs prodigués à cet auteur par les libéraux du pays, des voix moins suspectes se sont élevées pour flétrir une œuvre aussi partiale qu'inexacte (1), et jamais il n'aurait passé les Pyrénées, si un écrivain du *Siècle*, M. Viardot, n'y eût rencontré un utile allié pour servir ses haines et ses préjugés.

Sous un titre qui ne promet pas quelque chose de très-neuf (*Les Jésuites jugés par les rois, les évêques et le Pape*), il en a traduit les passages qui concernent l'expulsion des Jésuites d'Espagne et l'extinction totale de leur ordre.

C'est un travail ingrat que de venir relever et tirer d'un oubli mérité ces éternelles redites, toujours réfutées, jamais prouvées; mais, le moyen de se taire en présence de l'erreur quand on a dans les mains les preuves qui doivent une fois de plus faire briller la vérité! Et puis, quand le mensonge reparaît, n'est-ce pas un devoir d'honnêteté de le signaler et de le flétrir, au risque d'être

(1) *Voir* les remarquables articles que *la Esperanza*, journal espagnol, a fait paraître contre l'*Histoire du règne de Charles III*.

monotone comme lui. Pour toute excuse, je tâcherai d'être court.

M. Ferrer, lui, ne se pique pas d'être bref, et 524 pages in-4° lui ont paru indispensables pour nous édifier convenablement sur le compte des Jésuites. Il débute par une longue introduction ; elle est un peu emphatique ; c'est le pays qui le veut.

Pour donner le change, il s'y décerne le titre d'homme *monarchique* et *catholique*, titre que M. Viardot fait, pour cette fois, sonner bien haut à nos oreilles catholiques et monarchiques. Pour piquer la curiosité de ses lecteurs, que 524 pages pourraient effrayer, il ne serait pas fâché de nous faire croire à quelque merveilleuse découverte de sa part.

« Inutile d'énumérer, dit-il modestement, tout ce qui m'a passé sous les yeux.... Pendant deux saisons de plusieurs mois, j'ai compulsé chaque jour les archives royales de Simancas, où.... avec l'utile emploi de la sténographie, art que j'ai pratiqué plus de dix ans dans les cortès, j'ai pu mettre les heures à profit ; c'est dans des documents originaux, desquels, auparavant, *personne n'avait tiré ni copie, ni extraits, ni renseignements*, que j'ai pu me mettre au fait des événements les plus compliqués et des pensées les plus intimes, *pour pénétrer tous les secrets*. En outre, je n'ai épargné ni démarches, ni dépenses, pour acquérir des manuscrits... très-rares d'habitude, uniques quelquefois, tous très-importants. Je possède en abondance les ouvrages publiés alors.... (*Les Jésuites*, etc.). »

On le voit, il résulte de ceci à n'en pouvoir douter, puisqu'il nous l'affirme, que M. Ferrer del Rio a tout vu, tout lu, en un mot sait tout.

Il est d'avis que jusqu'à lui l'histoire des Jésuites a été racontée d'une manière déplorable, sans l'ombre de critique, et il indique une voie nouvelle à suivre. « Pour n'avoir pas suivi cette voie, on a donné aux conjectures la place des faits, aux rêveries celle de la réflexion et sur un événement d'hier matin, on a écrit à tâtons, le laissant naturellement dans l'ombre. » (*Les Jésuites*, etc.) Qu'il daigne donc nous instruire ; suivons-le dans la nouvelle voie qu'il a découverte et voyons comment il sait jeter une lumière inattendue sur ces événements que les travaux de ses devanciers avaient laissés dans l'ombre.

Avant d'aborder la question, notre auteur prétend tracer une rapide esquisse de la position des Jésuites à l'époque de leur bannissement, et de l'état de l'opinion à leur égard. On y remarque les lignes suivantes :

« Dans tous les ordres religieux, les Jésuites trouvèrent de vigoureux adversaires et des censeurs jusque dans leur propre sein.... Quelques membres de la Compagnie soutinrent la légitimité du régicide ; tous étaient *probabilistes* et suivaient leur confrère Luis de Molina. Dans les controverses sur la grâce, ils portaient dans leurs écoles de *nouvelles doctrines* contre lesquelles s'élevèrent presque tous les maîtres. » (*Les Jésuites...*)

A tous ces griefs on pourrait se borner à répondre :

« Si les accusations intentées contre les Jésuites sont fondées ; s'il est vrai qu'ils ont altéré la morale chrétienne; que, par un relâchement funeste, ils ont ouvert la porte à tous les vices sous le masque de la piété, comme Pascal les en accuse; s'il est vrai qu'ils ont prêché l'insubordination, qu'ils ont ameuté les peuples contre les rois, qu'ils ont même aiguisé les poignards des régicides; si, d'un autre côté, ils sont les fauteurs des idées et des réformes tyranniques et rétrogrades; s'ils ne sont et ne peuvent être par la nature de leur institut et de leur esprit que des artisans de troubles, de ruses et d'intrigues; s'ils sont ainsi coupables des prévarications les plus contradictoires, imbus à la fois des opinions et des principes les plus subversifs et les plus oppresseurs, d'où vient que les tyrans les ont haïs et chassés? D'où vient aussi que les perturbateurs du repos public, les ennemis de tout ordre social et de toute autorité les ont bannis, persécutés, proscrits de toutes les manières; d'où vient contre eux la haine inextinguible de ces hommes qui devraient voir leurs vices et leurs forfaits justifiés dans la morale et la conduite des Jésuites? Comment n'ont-ils pas aimé, caressé ces religieux prévaricateurs, puisqu'ils devaient trouver essentiellement en eux des complices? Comment n'ont-ils pas reconnu, accepté, dans ces intrigants et ces brouillons, comme les appela Charles III d'Espagne, d'utiles et puissants auxiliaires? » (P. de Ravignan, *Clément XIII et Clément XIV*.)

Cette simple considération pourrait suffire, mais ne nous en contentons pas. Aux paroles opposons des faits.

En ce qui concerne l'accusation de régicide, tout le

monde sera d'avis, avec le rédacteur du journal espagnol *la Esperanza*, qu'une « assertion aussi formelle devrait reposer sur des preuves irréfutables, pourtant M. Ferrer del Rio n'en apporte aucune! » Étrange légèreté!

Lorsqu'il lança contre les Jésuites cette banale accusation, sa conscience ne lui reprocha-t-elle rien? Son équité fut-elle pleinement satisfaite? N'était-il pas d'un adversaire loyal de citer les Jésuites instigateurs du régicide, ou pour mieux dire du tyrannicide? L'accusation était assez grave pour mériter cet acte de justice élémentaire.

Serait-il équitable, dans tous les cas, de rendre une société de vingt mille individus, qui existait alors depuis deux cents ans, responsable des opinions outrées d'un de ses membres, Mariana, qui n'avait fait après tout, que répéter une thèse journellement débattue dans le Moyen Age, et soutenue par saint Thomas d'Aquin, ainsi que l'a prouvé le P. de Ravignan? (*De l'existence et de l'institut des Jésuites*, 7e édition.)

Disons-le bien haut : non, jamais la Compagnie de Jésus n'a légitimé le régicide, et ses supérieurs ont toujours, énergiquement et publiquement, protesté contre la calomnie qui leur imputait cette *perverse et criminelle doctrine*, dit leur Général Aquaviva dans un décret solennel donné en 1610, promulgué de nouveau en 1614, et encore en vigueur.

Du reste, qu'on les juge d'après leurs œuvres. S'ils croyaient à la légitimité de l'assassinat, s'ils ne répugnaient pas à l'emploi de pareils moyens, en combien de circonstances n'eût-il pas été utile pour eux de les mettre en pratique? Que n'ont-ils eu recours au poignard lorsque Charles III les poursuivait de sa haine dans son vaste empire des deux mondes, lorsque Louis XV les bannissait de France, lorsque Clément XIV se préparait à détruire leur ordre, lorsque Pombal les traitait avec une cruauté qu'on ne croyait plus de notre époque; toujours persécutés, que ne se sont-ils défendus par ces moyens qu'on représente comme leur étant familiers? Qu'on nous montre seulement chez eux, ne fût-ce que la pensée de le faire?

Leurs ennemis ont eu entre les mains toutes leurs archives, tous leurs papiers, leur correspondance la plus intime. Mis sous le scellé partout à la même heure, avec le plus grand secret, ces papiers ont subi l'inquisition de la haine. Qu'a-t-on trouvé? On espérait y découvrir bien des mystères pour justifier bien des injustices. Le ministre espagnol Roda écrivait : « Les documents qui se découvriront dans les archives, bibliothèques et autres lieux, dans les greniers, les caves, etc., fourniront matière suffisante pour révéler plus qu'on ne savait ici. (Cité par le P. de Ravignan). » Qu'a-t-on découvert dans *les greniers et les caves?* Bien peu de correspondances pourraient soutenir une pareille inspection sans donner prise contre leurs auteurs; celles des Jésuites n'ont rien révélé qui pût leur être opposé !

S'ils étaient si dangereux, comment n'a-t-on pu surprendre dans ces archives la plus petite trace de ces intrigues tortueuses, de ces manœuvres ténébreuses dont on les accusait? On les montrait dans tous les mouvements populaires : que n'ont-ils soulevé les peuples lorsque l'intérêt de leur défense l'exigea? Ils étaient maîtres absolus dans le Nouveau-Monde; quel dévouement plus entier que celui des populations de l'Amérique espagnole à leur égard ! En ont-ils profité ? Quelle peuplade ont-ils armée en leur faveur lorsque leurs ennemis vinrent leur commander d'abandonner leurs florissantes missions et de dire adieu à ces Indiens qu'ils avaient conquis à la civilisation, au prix de tant de dangers et de fatigues ? On n'avait pas rougi pourtant de les accuser de vouloir affranchir ces peuples du joug de la métropole, à leur profit et au mépris de la fidélité due au roi d'Espagne! L'événement a fait justice des fables absurdes répandues contre eux; il a montré à la fois, et la perfidie de ceux qui les avaient inventées, et la crédulité de ceux qui les acceptaient sans contrôle.

Mais à quoi bon tant de preuves? Leurs ennemis n'en ont pas besoin; ils savent bien que ce n'est pas dans leurs rangs que se trouvent les régicides et les factieux; ils savent bien que ce ne sont pas leurs écrivains, leurs orateurs, qui fomentent la révolte et justifient le poignard; ils ne les poursuivraient pas d'une haine si vivace, si à de telles maximes ils reconnaissaient des frères et des alliés! Oui, leurs ennemis savent bien tout cela, mais que leur importe ? ils accusent, et ils accusent sans scrupule, ce sont des Jésuites!

C'est sans plus de justice que M. Ferrer reproche aux

Jésuites d'avoir soutenu de « *nouvelles doctrines* contre lesquelles s'élevèrent presque tous les *maîtres*. »

Ici, nous lui dirons encore que de simples assertions ne suffisent pas, et qu'il aurait fallu citer ces doctrines mauvaises.

Il nomme, il est vrai, le *probabilisme* et Louis de Molina, mais en cela il n'est pas heureux, car, à l'égard de Molina, pour trancher comme il le fait la question, il faudrait savoir bien des choses qu'il né peut savoir, parce qu'en cette matière de la grâce, on côtoie des mystères que l'intelligence humaine ne peut sonder, « et c'est parce qu'il n'y a pas d'intelligence humaine qui puisse rien comprendre à ces mystères, que l'Église laissa aux théologiens la liberté de traiter ces matières, discutant et raisonnant à leur manière, pourvu qu'ils se renferment dans certaines limites tracées par l'Église même éclairée par l'Esprit-Saint.» (*Mémoires* du P. Fernand Cevallos, de l'ordre de Saint-Jérôme, cités par *la Esperanza*.)

Quant au *probabilisme*, puisqu'il se mêlait d'en parler, puisqu'il répétait cette vieille accusation, il aurait dû lire la réfutation du R. P. de Ravignan, il aurait dû savoir surtout que la doctrine du probabilisme ne fut pas inventée par les Jésuites, puisqu'elle est antérieure aux premiers écrivains de la Compagnie sur la morale; et qu'elle ne fait pas même partie de ses principes constitutifs et caractéristiques, puisque les premiers qui s'élevèrent contre cette doctrine furent des Jésuites. Il aurait pu connaître aussi Concina, cité par *la Espe-*

ranza, Concina ennemi des Jésuites et du probabilisme, mais ennemi loyal, Concina qui a dit dans son histoire du probabilisme : « On doit avouer sincèrement que l'invention du probabilisme attribuée aux Jésuites, est une imposture insigne, forgée par ceux même qui leur en font un crime. » Du reste, bien loin qu'il y ait là un crime, jamais l'Église n'a condamné ces opinions comme erronées ou préjudiciables; bien plus, Alexandre VII défendit expressément de censurer cette doctrine, qui fut plus tard celle de saint Alphonse de Liguori. (Voir *la Esperanza*.)

Du reste, les maîtres dont parle M. Ferrer, sont apparemment en pareille matière, les évêques, les cardinaux, le Pape.

Or, voilà qu'à cette même époque, écrivant au roi d'Espagne, le 16 avril 1767, le Pape rendait aux Jésuites ce témoignage éclatant de la pureté de leur doctrine : « Le corps, l'institut et l'esprit de la Compagnie de Jésus, nous le disons en présence de Dieu et des hommes, *sont absolument innocents de tous crimes*, et non-seulement innocents, mais pieux, mais utiles, mais saints dans leurs objets, dans leurs lois, dans leurs *maximes*, et quelques efforts que leurs ennemis aient fait pour démontrer le contraire, ils n'ont rien obtenu près des personnes impartiales et calmes, sinon d'être discrédités et abhorrés comme *menteurs*, à cause des contradictions sur lesquelles ils ont prétendu établir leurs fausses prétentions. » (Citée par le P. de Ravignan.) Dans une autre circonstance, le Pape affirmait encore qu'ils s'employaient utilement « à l'éducation de la jeunesse, à l'*enseignement de la saine morale,* et à toutes les œuvres de piété qui cultivent et qui nourrissent la religion et la foi.» (Bullar. Clem. XIII.)

Voilà, monsieur Viardot, comment les Jésuites sont jugés par le Pape !

De son côté, le cardinal Calini disait : « J'ai une longue expérience du monde, j'ai résidé comme évêque pendant vingt années, j'ai dû traiter avec les Jésuites, et je puis dire que généralement j'ai remarqué parmi eux une *saine doctrine,* une conduite exemplaire. »

A leur tour, les évêques d'Espagne viennent déposer en leur faveur : c'est l'évêque d'Orense qui proclame la sainteté de leur vie « parfaitement conforme à la sainteté de leur institut. » (Coll. Lagomarsini, cité par le P. de Ravignan.) C'est l'évêque de Salamanque qui écrit au milieu de magnifiques éloges n'avoir, « quant à *leur doctrine*, jamais rien entendu qu'on pût avec justice taxer de relâchement. » (*Idem*) C'est l'évêque de Calahorra qui appelle calomnieux les pamphlets dirigés contre l'institut, la *doctrine* et les mœurs de la société. Ce sont les évêques de Compostelle, de Coria, de Jaen, de Malaga qui réfutent les accusations de leurs contemporains, et par avance, M. Ferrer qui les copie. C'est enfin, comme pour résumer l'opinion du clergé d'Espagne, que sa position lui permet de connaître mieux que personne, un prince de l'Église, le cardinal archevêque de Séville, qui écrit : « Ils travaillent (les Jésuites) avec un zèle infatigable au confessionnal, dans la chaire, à la direction des âmes pour laquelle ils ont une grâce spéciale de Dieu, dans les missions, les hôpitaux, pour l'assistance des mourants, l'explication de la doctrine chrétienne, les exercices spirituels, tant en public qu'en particulier, pour le clergé et pour les fidèles, selon la méthode de leur saint fondateur, avec de grands fruits pour l'enseignement de la jeunesse ; enfin ils sont très utiles pour le bien de tous et à la religion chrétienne. » (Cité par le P. de Ravignan.) Cet ensemble de témoignages était si imposant que le Pape pouvait dire quelque temps après : « Les lettres *nombreuses* que nous adressaient les évêques d'Espagne, adoucissaient la vive douleur que nous avait causée la suppression des Jésuites en France. »

Voilà quelle était l'opinion de l'épiscopat espagnol sur les Jésuites, tant que l'épiscopat fut libre. Plus tard, il est vrai, quand la foudre les eut frappés, beaucoup gardèrent le silence, et M. Ferrer en conclut qu'ils approuvèrent l'odieuse persécution déchaînée contre eux ; il n'en est rien, mais alors la menace des peines les plus terribles imposait le silence. « Il fallait croire, se taire et obéir sous peine d'exil, de confiscation des biens et même de la mort. » (Extrait du rapport officiel de D. Gutierez de la Huerta en 1815.)

Cependant quelques évêques, se souvenant, à l'exemple des Apôtres, qu'il faut plutôt obéir à Dieu qu'aux hommes, osèrent faire arriver la vérité jusqu'aux oreilles du roi ; leur sainte audace ne fit que leur attirer les disgrâces, la prison, la persécution ; l'épiscopat, dès lors, avait assez fait pour son devoir et sa dignité, il se tut; de nouvelles protestations eussent été d'inutiles bravades.

Mais qu'est-il besoin de tous ces témoignages; ne reconnaît-on pas l'*arbre aux fruits qu'il porte?* Disons donc encore avec un évêque de cette funeste époque : « On fait un bruit étonnant de la *doctrine* des Jésuites, — l'accusation, on le voit, n'est pas nouvelle, — mais que l'on interroge tous ceux qui ont été élevés chez eux, tous ceux qui, après être entrés parmi eux, en sont sortis pour raison d'infirmité ou pour tout autre motif. Le nombre en est assurément bien grand, et nous verrons s'il en est aucun qui nous dise avec assurance qu'on lui ait inspiré les sentiments pernicieux et exécrables que l'on impute à ces religieux. Or, qu'est-ce qu'une *doctrine* qui ne se manifeste nulle part, et qu'aucun de ceux à qui on l'attribue, n'a jamais laissé entendre être la sienne? » (Lettre de l'évêque de Grenoble.)

Après le peu que je viens de dire, que devient déjà l'allégation dénuée de preuves de M. Ferrer?

Quant aux *vigoureux adversaires* qu'il leur reproche d'avoir rencontrés dans d'autres ordres religieux, qu'importe? les divergences d'opinions ne sont un crime ni pour les uns ni pour les autres. Elles font quelquefois jaillir la vérité; c'est ce qui arriva. « Ils jetèrent la lumière sur les saines doctrines, dit le P. Fernando Cevallos, *par leurs controverses*, leurs découvertes et leurs critiques. » (*Mémoires.*) Et s'ils ont trouvé des *censeurs jusque dans leur propre sein*, cela prouve uniquement que si, par hasard, quelqu'un parmi eux faisait fausse route, il était immédiatement ramené aux principes éternels du vrai, fût-il même Général de la Compagnie comme Tyrse Gonzalès. Ce qui, — remarquons-le en passant, — n'empêchera pas de déclamer éloquemment contre la servile obéissance de ces religieux.

Il est, je pense, démontré par des faits, par les rares citations que j'ai faites, et qu'il serait facile de multiplier, qu'à l'époque dont l'auteur espagnol écrit l'histoire, les Jésuites étaient estimés en Espagne du clergé, et je puis ajouter des populations; car s'il avance qu'ils étaient impopulaires, « à tel point que celui qui conversait avec eux, passait pour un homme en péril de perdre *sa personne et son âme.* » (*Les Jésuites*, etc., p. 11.) Je pense qu'il veut plaisanter; on ne conçoit pas bie en effet quel péril pouvait menacer la personne de leurs interlocuteurs, et quel danger pouvait courir leur âme, du moment que leur doctrine — nous venons de le voir — était approuvée par les évêques et le Pape, sous l'œil desquels ils vivaient.

A qui M. Ferrer fera-t-il croire que les six mille Jésuites d'Espagne, relégués dans leurs couvents, comme possédés du démon, ne trouvaient pour converser avec eux que des audacieux pleins de mépris pour la vie ou peu soucieux du salut de leur âme?

Une pareille assertion a causé de l'autre côté des Pyrénées un profond étonnement qui s'est traduit en éloquentes réclamations. (V. *la Esperanza.*) C'est qu'on savait à ce sujet à quoi s'en tenir chez nos voisins.

Nous le saurons également si nous voulons interroger.

Dans une lettre confidentielle écrite cinq jours après l'expulsion des Jésuites, un de leurs mortels ennemis, le ministre Roda, disait : « On ne se fait pas d'idée de la sévérité avec laquelle on a jugé cette mesure (l'expulsion), tant à Madrid que partout ailleurs. » Et sept jours plus tard il écrivait : « Il n'y a eu d'émeute nulle part. » — On pouvait donc redouter que l'attachement des populations n'allât jusqu'à l'émeute? — « Les personnages opulents, les femmes, les niais. étaient *passionnés* pour cette espèce de gens ; ils ne cessaient de nous importuner de leur *affection* pour eux, effet de leur aveuglement. » (15 avril 1767, citée par le P. de Ravignan).

Et dix-huit mois plus tard, dit le protestant Coxe, « le 4 novembre 1768, lorsque Charles III se faisait voir au peuple sur le balcon de son palais, on voulut profiter de la coutume d'accorder ce jour-là quelque demande générale. A la grande stupeur de toute la Cour, les cris d'une *foule immense* firent entendre *d'un commun accord* le vœu que les Jésuites fussent réintégrés, et qu'on leur accordât la permission de vivre en Espagne et de porter le costume du clergé séculier. » (Coxe. *L'Espagne sous les rois de la maison de Bourbon.*)

Voilà quelle était leur impopularité !

Et ces cris de la multitude redemandant les Jésuites comme une grâce, n'étaient pas sous main excités par eux, puisque, depuis près de deux ans, il n'en existait plus un seul sur le sol de l'Espagne.

Ce n'est pas tout, le roi lui-même, partageant longtemps l'opinion de ses peuples, les aima, les vénéra, leur donna des marques publiques et non équivoques de sa bienveillance. Pendant que la reine-mère prenait soin, dans une lettre écrite au Père Provincial de la Nouvelle-Espagne, de les justifier elle-même de toute participation à la révolte des Indiens, son fils, dès le début de son règne, ordonnait, par un décret royal, qu'ils seraient envoyés au frais du trésor public dans lse missions espagnoles d'outre-mer, prouvant ainsi qu'on les calomniait méchamment en les accusant d'y fomenter la révolte; ce qui n'empêchera pas M. Ferrer de reproduire de parti pris cette accusation réfutée d'avance par le roi lui-même. (*Les Jésuites*, p. 25.)

Ces insignes faveurs prouvaient suffisamment le cas qu'il faisait de ces religieux, il fit plus pourtant en leur confiant l'éducation du Prince des Asturies, son fils aîné.

II

Telle était à cette époque, pour tout homme impartial et libre de préjugés, la situation des Jésuites en Espagne : ils étaient aimés et estimés de tous les gens de bien, aimés et estimés du roi lui-même. Et pourtant, à peine quelques mois se sont-ils écoulés, que nous les retrouvons, le 2 avril 1767, chassés, traqués comme des ennemis publics. Ni l'âge, ni les talents, ni les services rendus, ne peuvent autoriser une seule exception ; six mille malheureux sont arrachés à leur patrie, à leurs travaux, conduits sous escorte comme de dangereux malfaiteurs aux ports les plus voisins, embarqués brutalement, jetés à fond de cale, livrés à la merci des flots !

C'est en vain que notre auteur ou son traducteur affirme dans une note que tout se passa avec les plus grands égards pour les *vieillards* et les *malades*. (*Les Jésuites*, p. 34.) Un autre adversaire des Jésuites, M. de Saint-Priest, s'est chargé de le réfuter : « Il faut en convenir, dit-il, l'arrestation des Jésuites, leur embarquement se fit avec une précipitation *nécessaire* peut-être, mais *barbare*. Près de six mille prêtres de *tous les âges*, des hommes d'une naissance illustre, de doctes personnages, *des vieillards accablés d'infirmités*, *privés des objets les plus indispensables*, furent relégués à fond de cale et lancés en mer sans but déterminé, sans direction précise. » (De Saint-Priest, *Histoire de la chute des Jésuites*.)

C'est aussi ce que rapportent d'une commune voix tous les auteurs espagnols, même les moins favorables aux Jésuites.

Nous lisons dans D. José Ortiz (*Compendio cronológico de la Historia de España*) que les malheureux furent emmenés par des soldats deux par deux ou quatre par quatre sans pouvoir se parler.

Un autre auteur dit : « Le gouvernement exagéra les rigueurs, les poussant bien au delà de ce qui était nécessaire... Donnant des preuves de convoitise en s'occupant avec ardeur de la riche prise des biens de l'ordre persécuté... Les malheureux et vénérables exilés restèrent si longtemps sur les vaisseaux qui les portaient, où ils étaient entassés comme des captifs ou des esclaves, que les plus *vieux* et les *malades* moururent, et tous souffrirent faute d'air et des choses nécessaires au soutien de la vie... Pendant trois mois ils furent le jouet des vents, des flots et des passions non moins soulevées de leurs ennemis. Enfin, ils furent envoyés en Corse, où on leur permit de débarquer : transportés comme des ballots dans les magasins du commerce, on les abandonna sans lits et sans vivres... Afin de couronner dignement ces mesures, on défendit en Espagne, sous les peines les plus sévères, les mêmes dont on punit les délits contre la sûreté de l'État, d'écrire ou de parler en faveur de la Compagnie de Jésus. » (*Historia de España*, par D. Antoine Alcala Galiano.)

Dans notre étonnement à la vue de ce brusque revirement que rien ne semble expliquer, ne pourrions-nous pas dire avec le Pape : « Quel changement subit et imprévu s'est opéré parmi vous? Quoi ! en un instant la Compagnie de Jésus s'est écartée si complétement des lois de son pieux institut, que notre cher fils en Jésus-Christ, le roi Catholique Charles III, a pu se croire autorisé à chasser de ses États tous les clercs réguliers de cette Compagnie. C'est pour nous un *mystère* que nous ne pouvons nous expliquer. Il n'y a encore qu'un an, les lettres *nombreuses* que nous adressaient les évêques espagnols adoucissaient la vive douleur que nous avait causée la suppression de ces religieux en France. Ces lettres nous disaient que les Pères de la Société de Jésus donnaient dans vos contrées l'exemple de toutes les vertus, et que les évêques et leurs églises recevaient de puissants secours de leurs pieux et utiles travaux. Et voilà tout d'un coup de si fâcheuses nouvelles, que nous devons croire que tous ou presque tous ces religieux ont commis quelque horrible forfait, puisqu'un roi aussi plein d'équité s'est cru obligé de sévir avec une rigueur inouïe contre les membres qui professent cet institut. » (21 avril 1767. Bref à Joachim Eleta d'Osma, confesseur de Charles III, cité par le P. de Ravignan.)

Ce mystère, que le pape ne pouvait s'expliquer, fut toujours en effet un mystère inexplicable; mais heureusement le voile qui couvre les mystères historiques, tôt ou tard vient à se déchirer. Les langues enchaînées par la terreur recouvrent leur liberté, les cachots laissent échapper une plainte révélatrice, le tombeau lui-même semble rendre témoignage en faveur des victimes. Des papiers longtemps enfouis dans la poussière des archives en sont tirés pour rendre le monde entier confident des pensées les plus intimes, des manœuvres les plus ténébreuses et les plus habiles, des turpitudes les mieux déguisées. C'est ce qui est arrivé pour l'événement qui nous occupe. Laissons parler les témoins, mais écoutons de préférence ceux qu'on ne peut soupçonner de partialité à l'égard des Jésuites, je veux dire les protestants. Voici ce que, volontairement ou non, leur langage nous apprend :

Depuis le milieu du XVIe siècle, de redoutables ennemis s'étaient élevés contre le catholicisme; la Réforme, le Jansénisme, le philosophisme, lui faisaient une rude guerre : leurs tendances étaient diverses, mais ils combinaient leurs mouvements pour triompher plus sûrement. Les peuples semblaient conspirer avec eux; bien plus, à l'époque qui nous occupe, leurs représentants étaient parvenus au timon des affaires, même dans les Etats catholiques. L'heure semblait venue de monter à l'assaut de cette vieille Église de Jésus-Christ, qui paraissait chanceler sur son roc. (Ranke, *Hist. de la Papauté*, passim.) Il ne restait plus qu'une barrière à forcer, les Jésuites, qui entravaient tous ces projets par leur résistance et leur influence (*idem*). Pour renverser la puissance ecclésiastique, il fallait l'isoler en lui enlevant l'appui de cette phalange sacrée qui s'était dévouée à la défense du trône pontifical. Telle fut la vraie cause de la haine qu'on voua à cette Société. (Schœll, *Cours d'histoire des États européens.*)

Perdre les Jésuites ne devait pas être difficile dans des pays gouvernés par des rois corrompus et faibles comme Louis XV ou Joseph Ier de Portugal. On sait par quels moyens on peut y réussir, et il n'entre pas dans mon plan d'en faire le récit. Mais c'était une entreprise plus téméraire en Espagne, où régnait Charles III, prince ferme, éclairé, juste et de mœurs innocentes. Pourtant on ne désespéra pas. La calomnie commença l'attaque; on inspira des soupçons au roi; on lui représenta les Jésuites comme opposés à la canonisation de l'évêque Palafox, qu'il désirait vivement, et on montra leur main dans tous les complots. (Coxe, *Hist. d'Espagne.*)

Les philosophes donnaient la consigne, leurs adeptes s'y conformaient; de Paris partait la direction, et un ministre français n'avait pas honte de se faire l'instrument de leurs haines : « Choiseul n'épargna, à cet effet, aucun moyen ni aucune intrigue..... Il ne se fit pas le moindre scrupule de faire circuler des lettres apocryphes sous le nom de leur Général et autres supérieurs et de répandre d'odieuses calomnies contre quelques individus de la Société. » (Coxe, *Hist. d'Esp.*, t. v.)

L'esprit du roi commençait à s'ouvrir aux soupçons, quand éclata, le 23 mars 1766, une émeute à Madrid.

Quelques réformes et l'impopularité du favori napolitain Squillace en furent la cause unique; on fit croire au roi qu'elle était l'œuvre des Jésuites. M. Ferrer feint aussi de le croire, mais où puise-t-il ses renseignements sur cet événement? Dans les archives, dans les actes officiels rédigés par les ennemis des Jésuites; c'est-à-dire qu'il interroge ceux qui tramaient leur perte.

Parmi les contemporains, l'un des plus désintéressés dans la question est le P. Cevallos, de l'ordre de Saint-Jérôme; on ne peut le soupçonner de partialité en faveur des Jésuites, puisqu'il était ami de Campomanès, un de leurs persécuteurs. Voici ce qu'il dit dans ses *Mémoires :* « Il n'y a aucun fait public ou privé qui révèle (dans cette émeute) la main d'aucun corps, soit séculier, soit ecclésiastique. Personne ne douta de l'absolue sécurité de l'État, même dans le moment du plus grand désordre, lequel n'eut pas d'autre but que d'éloigner le ministre (Squillace) de la personne du roi. »

Mais M. Ferrer ne s'appuie pas seulement sur les récits des ennemis mêmes des Jésuites, M. Ferrer a des témoins, ou pour mieux dire un témoin, D. Benito Navarro. Quel est donc ce Navarro sur la foi duquel M. Ferrer accuse les Jésuites? Les Mémoires du P. Cevallos vont nous l'apprendre.

A la fin de l'année 1766, Navarro dénonça au Président de Castille un certain Jean de Barragan comme ayant pris une part très-active à l'insurrection du 23 mars, et comme étant l'auteur des libelles anonymes qui circulèrent depuis. Le délateur et l'accusé furent arrêtés.

Sur ces entrefaites fut décidée l'expulsion des Jésuites. On les chargeait de tous les crimes; les calomnier, c'était servir et flatter le pouvoir; Navarro ne pouvait hésiter : il déclare fausse et calomnieuse sa dénonciation. C'est, dit-il, à l'instigation des Jésuites, seuls coupables, et pour détourner d'eux l'attention, qu'il a accusé Barragan. Immédiatement on fait le procès aux Jésuites; on interroge leurs ennemis; leurs témoignages ne s'accordent pas, se contredisent; nonobstant, les Jésuites sont déclarés coupables de l'émeute. Et pourtant, quel était ce Navarro, le délateur? C'était un homme taré, séducteur d'une jeune fille, obligé de fuir et de se cacher pour éviter le châtiment mérité! Accusés par un tel homme, les PP. Jésuites ne sont pas entendus; on ne leur permet pas de se justifier, de réfuter la calomnie! Plus tard encore, Barragan lui-même s'avoua spontanément coupable des crimes dont on l'avait justement accusé d'abord! L'historien espagnol n'en est pas ébranlé, il a un témoin de la culpabilité des Jésuites!

Aux yeux de Charles III, qu'on trompait plus facilement qu'on ne trompe la postérité, les Jésuites n'en restèrent pas moins coupables de l'émeute de Madrid; il ne fallait plus qu'un léger effort pour les perdre dans l'esprit prévenu du monarque, on frappa le dernier coup.

Le protestant Schœll en rend témoignage en ces termes : « Depuis 1764, dit-il, le duc de Choiseul avait expulsé les Jésuites de France; il persécutait cet ordre jusqu'en Espagne. On employa tous les moyens d'en faire un objet de terreur pour le roi et l'on y réussit enfin par une calomnie atroce. On assure qu'on mit sous ses yeux une prétendue lettre du P. Ricci, Général des Jésuites, que le duc de Choiseul est accusé d'avoir fait fabriquer; lettre par laquelle le Général aurait annoncé à son correspondant qu'il avait réussi à rassembler des documents qui prouvaient incontestablement que Charles III était un enfant de l'adultère. Cette absurde invention *fit une telle impression sur le roi qu'il se laissa arracher l'ordre d'expulser les Jésuites.* (Schell, *Cours d'hist. des États europ.*, t. XXXIX.)

Un autre protestant, Christophe de Murr, dans son journal, donne des détails plus circonstanciés; il s'appuie sur le témoignage et l'autorité du duc de Wurtemberg, qui vivait encore alors et qui permit au P. Geiger de s'autoriser de son nom. Il dit que depuis plusieurs années les ennemis de la Compagnie de Jésus cherchaient par tous les moyens à les perdre dans l'esprit de la cour de Madrid; le roi résistait encore aux insinuations calomnieuses; pour achever de l'ébranler, on composa un écrit dans lequel on cherchait à prouver l'illégitimité du roi d'Espagne, et à établir, par conséquent, les droits de Don Louis son frère; on le fit passer sous le nom d'un Jésuite, puis, sous forme de lettre, on l'adressa au P. Recteur du collége de Madrid. On choisit pour la remettre le moment où les Pères, avant le repas, récitent les *Litanies des Saints;* le Recteur, occupé de ces prières, fait porter, sans l'ouvrir, la lettre dans sa chambre; à peine un quart d'heure s'est-il écoulé que deux conseillers qui se prétendent envoyés par la cour, demandent à faire une perquisition ; ils feignent de chercher longtemps en vain, enfin ils saisissent la lettre et la portent au roi encore cachetée. (Christophe de Murr, *Journal pour servir à l'histoire de la littérature et des arts.*)

Coxe confirme ce récit : « Des rumeurs circulaient partout relativement à leurs *complots supposés* et à leurs conspirations contre le gouvernement espagnol. Pour rendre l'accusation vraisemblable, on fabriqua une lettre qu'on supposait avoir été écrite par le Général de l'ordre à Rome, et adressée au Provincial en Espagne. Cette lettre lui ordonnait d'exciter des insurrections ; elle avait été envoyée de manière à être interceptée. (Coxe, *Histoire d'Espagne*, t. v). » Tel est le récit de tous les historiens protestants; Ranke, Sismondi, Adam, rapportent les mêmes faits; cette unanimité équivaut à la certitude, et le roi d'Espagne Ferdinand VII ne fait que l'augmenter en disant, en 1815, par la bouche du fiscal Don Francisco Gutierez de la Huerta, que l'expulsion des Jésuites avait été arrachée à son auguste aïeul « par surprise et par *les menées les plus artificieuses* et les plus impies. »

Il reste donc démontré pour tout homme impartial, que l'on prépara d'abord l'esprit de Charles III à la défiance, puis à la haine, et qu'enfin, au moyen d'une abominable calomnie, on eut l'art de lui faire croire que les Jésuites attaquaient son trône, son honneur et celui de sa mère ; ruse vraiment diabolique, puisqu'en versant dans son cœur le soupçon, on l'empêchait de l'éclaircir, les faits imputés étant de ceux-là qu'on cherche à entourer du plus impénétrable mystère.

On s'explique maintenant pourquoi, se retranchant dans un silence aussi injuste qu'incompréhensible pour qui n'aurait pas la clef de ces événements, Charles III se refusa toujours à faire connaître les motifs d'une sévérité inouïe, à l'égard des religieux qu'il aimait naguère. On s'explique pourquoi il imposa le plus absolu silence sur cette affaire, « afin que personne n'écrivît, ne publiât ni ne répandît d'ouvrages relatifs à l'expulsion des Jésuites, soit pour, soit contre (consulte du 29 janvier 1767) ; » pourquoi on enjoignit très-expressément au ministre du roi à Rome de se refuser à toute explication (*id.*); » pourquoi enfin on fit « entendre aux évêques, aux municipalités, aux chapitres ecclésiastiques et autres assemblées ou corps politiques du royaume, que Sa Majesté se réservait à elle seule la connaissance » de toute cette affaire.

En vain le Pape, dans une lettre des plus touchantes, s'étonne de voir ce prince, qui « ne consentirait jamais à faire souffrir au dernier de ses sujets le plus léger préjudice, même dans ses intérêts privés, sans que sa cause ait été préalablement, légalement discutée, sans que toutes les formalités que les lois prescrivent pour assurer à chacun la conservation de ses droits, aient été remplies; de voir que ce même prince a cru pouvoir condamner à une extinction totale, en lui enlevant son honneur, sa patrie, ses propriétés légitimement acquises et ses établissements légitimement possédés, un corps entier de religieux dédiés et consacrés au service de Dieu et du prochain, sans les examiner, sans les entendre, sans leur permettre de se défendre. « (Bref à Charles III, 16 avril 1767). En vain il demande pourquoi, conformément aux plus simples notions de la justice, il n'avait pas « infligé un châtiment aux coupables sans en faire porter la peine aux innocents (*id.*) ? » En vain il supplie : « Permettez donc, écrit-il, que cette affaire soit régulièrement discutée : laissez agir la justice, la vérité, afin qu'elles puissent dissiper les ombres soulevées par la prévention et les soupçons (*id.*). » Le roi ne voulait pas, ne pouvait pas vouloir de la lumière ; il ne voulait pas, il ne pouvait pas vouloir que la légitimité de sa naissance fût portée au tribunal de l'opinion publique, discutée par ses sujets. Se renfermant donc dans un silence injuste, mais qu'il croyait nécessaire, il répondit simplement au Pape que « les motifs étaient plus que suffisants pour dissoudre toute la corporation des Jésuites et ne pas restreindre cette mesure à quelques-uns de ses membres. » (Lettre citée par le P. Theiner, *Clém. XIV*, I, 85.) On ne put rien obtenir de plus explicite de ce monarque pieux indignement trompé.

On comprend aisément le ressentiment profond de son cœur ulcéré, on comprend l'injustice involontaire qui en fut la suite, on comprend le silence obstiné qui couvrit cette affaire, mais on ne comprend pas la partialité d'un écrivain qui, sans apporter de faits nouveaux pour justifier sa cruauté, a le courage de raconter ces événements en y applaudissant et d'écrire : « Si le salut du peuple est la loi suprême, l'expulsion des Jésuites fut *juste*, par malheur ; sa *légalité* ne paraît sujette à aucun doute. » Comment oser parler de la *légalité* d'un bannissement en masse de six mille religieux, sans les juger, sans les entendre, sans même leur dire de quel crime on les accuse ? A quel aveuglement, à quelle iniquité peut donc conduire l'esprit de parti (1) ! »

La forme de ce bannissement fut aussi irrégulière et injuste que la peine en elle-même. Le conseil du prince avait voulu qu'on rédigeât le décret qui la prononçait « sans faire même allusion à la conduite et aux coutumes de l'institut des Jésuites ; » que le roi réservât « *dans sa royale conscience* les puissants motifs qui l'obligeaient de prendre une si juste mesure ; » qu'on prohibât pour toujours « le retour en Espagne d'aucun Jésuite, même sécularisé, sans spéciale et expresse permission ; » qu'on défendît à tout Espagnol d'entretenir « de correspondance avec ces religieux ou d'*écrire pour ou contre* leur expulsion. »

Or, pour une semblable tyrannie, pour un pareil abus de la force, ni l'auteur, ni le traducteur, tout écrivain du *Siècle* qu'il est, n'ont un mot de blâme ! Bien plus,

(1) Les philosophes, quand ils ne posaient pas pour le public, étaient plus équitables et moins prévenus contre les Jésuites ; d'Alembert écrit à Voltaire le 4 mai 1767 : « Que dites-vous de l'édit du roi d'Espagne qui chasse les Jésuites si brusquement ? Persuadé comme moi qu'il a eu pour cela de très-bonnes raisons, ne trouvez-vous pas qu'il aurait eu raison de les dire et de ne pas *les renfermer dans son cœur royal ?* Ne pensez-vous pas qu'on devrait permettre aux Jésuites de se justifier ?... »

M. Viardot ne rougit pas d'appeler ce monstrueux arbitraire un « *acte de haute justice et de haute moralité!* » Y a-t-il donc deux poids et deux mesures? ou bien tout est-il permis quand il s'agit d'un ennemi? C'était la maxime païenne :

..... Dolus an virtus quis in hoste requirat.

Sans doute, « le roi pouvait bien, dit M. Ferrer, frapper les nombreux criminels d'un châtiment qu'ils avaient mérité, avec toutes les formalités d'un procès...» Et pourquoi ne l'a-t-il pas fait? Pourquoi a-t-il enveloppé le crime qu'il leur reprochait du plus injuste mystère? Le croirait-on? Ce fut par un effet de « *sa clémence paternelle,* » par un reste de pitié pour des criminels qu'il avait aimés!

Un pareil cynisme dépasse toutes les bornes de l'odieux; il répugne trop de s'abaisser jusqu'à le réfuter : heureusement, pour lui infliger la flétrissure qu'il mérite, il suffit de le citer.

Il est vrai que pour ne pas soulever la conscience publique, que de pareilles énormités révoltent, et justifier pour les besoins de la cause des actes injustifiables, on entasse contre les Jésuites qu'il s'agit de perdre accusations sur accusations : ils usurpaient les dîmes, employaient la violence ou la fraude, cherchaient « à ébranler toute la monarchie » par leurs calomnies et « d'innombrables pamphlets et libelles » qu'ils traduisaient et répandaient dans le peuple. Ce sont eux, —

nous avons vu comme ces accusations sont bien fondées, — qui sont les auteurs de l'insurrection du mois de mars 1766; eux qui ont allumé « le feu de la rébellion par toute l'Espagne » aussi bien qu'au Paraguay, au Chili, dans la Nouvelle-Espagne et dans les Philippines. En un mot partout, où il y eut du mal, on « trouva compromis le nom et l'art des Jésuites. » (*Les Jésuites*..... passim.)

Toutes ces accusations si graves, d'un caractère si public, sont sans nul doute bien prouvées, irréfutables? Pas le moins du monde, aucune preuve n'est rapportée, il faut lire avec confiance et docilité cet ennuyeux réquisitoire, puis, sans preuves, y ajouter une foi robuste parce que M. Ferrer de Rio l'a dit!

Cette manière d'écrire l'histoire pouvait paraître suffisante du temps d'Hérodote ou de Quinte-Curce, peut-être même à l'époque du bon Rollin, on ne s'en contente plus aujourd'hui; on ne s'en contente plus surtout quand les faits avancés tendent à diffamer toute une classe de gens, ces gens-là fussent-ils même des Jésuites!

III

Sur les pas de M. Ferrer, nous avons porté un coup d'œil rapide sur deux des questions examinées par cet historien, mais nous avons vu que ce guide suspect, sans jeter de lumières nouvelles sur les points obscurs, n'a fait que se traîner dans l'ornière de redites vieilles de cent ans au moins, et pour la centième fois au moins, nous en avons, par des textes pris au hasard, prouvé la fausseté. Il me reste, pour en finir avec lui, un troisième fait à discuter, l'extinction totale des Jésuites.

Ici sa narration plus étendue devient aussi plus intéressante; est-ce enfin dans les archives de Simancas qu'il a puisé cette fois? M. de Saint-Priest pourrait nous le dire, lui qui nous avait déjà fourni depuis longtemps presque tous les documents que nous retrouvons aujourd'hui dans M. Ferrer. Quoi qu'il en soit, lorsqu'il citera des pièces officielles, nous lui emprunterons de nombreux passages. Il sera peut-être étonné de nous avoir fourni des armes pour le battre.

Le complot formé par les ennemis de l'Église s'exécutait au gré de leurs désirs ; suivant le plan adopté, les Jésuites étaient enfin expulsés des principaux États catholiques; Charles III lui-même avait été pris à leurs

3

manœuvres. Le triomphe enhardit ; on espéra réussir à les anéantir, et « pouvoir se servir même du Saint-Siége, » dit Ranke, pour réaliser de si étranges prétentions. Cette fois, le succès pouvait paraître au moins douteux; sur la chaire de saint Pierre était assis le Pape Clément XIII, pontife ferme et incapable de faire plier son devoir devant quelque considération que ce fût. Le comte d'Albon, dans son *Discours sur l'histoire*, Lalande, dans son *Voyage en Italie* (cités par le P. de Ravignan) en font avec désintéressement le plus grand éloge : suivant eux, sa fermeté, qui faisait dire à Choiseul qu'il avait une *tête de fer* (lettre à d'Aubeterre, 2 novembre 1769), ne nuisait en rien à sa bonté qui le faisait appeler *le père du peuple.*

M. Ferrer est donc encore ici en contradiction avec l'histoire, en nous peignant ce pontife comme irrésolu, chancelant dans son amour non raisonné pour les Jésuites, commençant à « vaciller dans le patronage de la Compagnie..... à ce point qu'un léger effort de plus sur son caractère doux et conciliant aurait pu rétablir le calme. » (*Les Jésuites*, etc.) Il nous le montre sous les traits d'un vieillard débonnaire, à demi tombé en enfance, toujours *inondé de pleurs*, qu'on faisait tourner à tout vent en donnant « habilement la volée à des contes de miracle (*idem*). »

Voilà la *tête de fer* de Choiseul! Voilà le Pape inflexible qui, aux instances prématurées de d'Aubeterre, ambassadeur de France à Rome, pour obtenir l'extinction des Jésuites, « avait répondu très-sèchement que c'étaient des choses auxquelles il ne fallait pas seulement penser. » (Lettre de d'Aubeterre à Choiseul, 24 juin 1767.)

Ses contemporains le connaissaient mieux. Choiseul écrivait : « Nous ne tirerons rien de Rome sous ce pontificat. (2 novembre 1769.) » Tel était le véritable caractère de Clément XIII ; mais pour tenir ainsi énergiquement à ne pas détruire les Jésuites, il n'était pas nécessaire que le Pape fût *imbécile*, comme le dit encore formellement Choiseul, et comme le pourrait faire croire notre auteur ; il suffisait qu'il eut, lui et son ministre confidentiel le cardinal Torregiani, « pénétré les vues des adversaires de l'ordre public, » ainsi que l'affirme Schœll ; il suffisait simplement qu'il eût autant de clairvoyance que les philosophes ennemis de l'Église. « Une fois que nous aurons détruit les Jésuites, nous aurons beau jeu contre *l'infâme*, » écrivait Voltaire à Helvétius en 1761. « Les parlements, ajoutait d'Alembert, croient servir la religion, mais ils servent la raison sans s'en douter. Ce sont des exécuteurs de la haute justice pour la philosophie, dont ils prennent les ordres sans le savoir. » (A Voltaire, 4 mai 1761.) « Je me réjouis, reprenait Voltaire, avec mon brave chevalier (le Mis de Villevieille), de l'expulsion des Jésuites » (Voltaire, 27 avril 1767) ; et Roda, le ministre espagnol, non moins franc dans ses lettres confidentielles à Choiseul, dévoilait le plan qui avait inspiré et dirigé la guerre faite aux Jésuites : « Succès complet ! l'opération n'a rien laissé à désirer. Nous avons tué l'enfant, il ne nous reste plus qu'à en faire autant à la mère, notre sainte Église Romaine. »

Il n'y a rien là d'ailleurs qui doive nous étonner. Les ennemis de la religion d'alors savaient, comme ceux d'aujourd'hui, que si les Jésuites ne sont pas la religion, s'ils ne sont pas même, ainsi que le dit avec raison M. Ferrer, « la panacée de tous les maux, » ils sont au moins, comme disait Voltaire, « les gardes du corps de la cour de Rome ; » la « phalange sacrée qui s'était dévouée à la défense du trône pontifical (Schœll) ; » les plus zélés, les plus intrépides défenseurs de l'Église de Jésus-Christ. (Schœll, Ranke, d'Alembert, saint Alphonse de Liguori, *passim.*)

Ainsi donc, comme l'avait dit Choiseul, il n'y avait, relativement à l'extinction des Jésuites, rien à tirer du Pape Clément XIII ; mais heureusement pour les puissances si glorieusement liguées contre les enfants de Loyola, le Pape n'était pas immortel : « Après ce Pape, écrivait Choiseul à d'Aubeterre, nous verrons à en avoir un qui *convienne à la circonstance.* » (2 novembre.) C'est en effet à quoi tendirent tous les efforts lorsque, le Pape étant mort le 2 février 1769, le conclave s'ouvrit le 15 du même mois, pour lui donner un successeur.

L'ambassadeur de France nous fait le portrait du Pape qui convient à la circonstance : ce doit être un Pape « sans scrupule, ne tenant à aucune opinion et ne consultant que son intérêt. Je pense, ajoute-t-il, qu'un Pape de cette trempe aurait pu convenir aux couronnes. » (D'Aubeterre à Bernis, 25 avril, cité par M. Crétineau-

Joly.) Voilà le Pape qu'on jugeait nécessaire pour obtenir l'extinction des Jésuites ; mais un pareil sujet, grâce à Dieu, ne devait pas être très-facile à rencontrer dans le Sacré Collége; aussi mille combinaisons furent-elles, pendant plusieurs mois, entamées, abandonnées, reprises, toujours sans succès, parce que d'un côté les cours liguées de France, de Portugal, d'Espagne, de Parme, de Naples, cherchaient à imposer aux cardinaux l'élection d'un Pape, de leur choix, et d'autre part, la grande majorité du Sacré Collége ne voulait pas se prêter à placer au gouvernail du vaisseau agité de l'Église, à asseoir sur la chaire de saint Pierre, à donner pour vicaire et représentant sur la terre de Notre-Seigneur Jésus-Christ, un homme « sans scrupule, ne tenant à aucune opinion et ne consultant que son intérêt.»

Les Cours n'épargnaient pourtant aucun moyen de faire triompher un de leurs rares candidats. On mettait en avant la menace : « Il n'y a pas de mal, écrit d'Aubeterre au cardinal de Bernis, chargé des instructions de la cour de France, qu'ils aient un peu de peur. » Et plus tard : « Que votre Éminence parle haut. La plus sûre façon, *pour qu'il n'y ait pas de schisme, est d'en parler souvent* et avec assurance. Qu'elle se mette en colère, s'il est nécessaire. *Il faut les épouvanter.* Il faut absolument leur en imposer... Qu'on craigne les Cours. » (Cité par Crétineau-Joly.) Puis on déclarait que si l'élection ne convenait pas aux puissances, « il serait à craindre qu'un Pape élu de cette manière ne fût pas reconnu par les ministres des Cours. » (Bernis à d'Aubeterre, 2 mai.) « Il n'y a pas de mal non plus qu'ils sachent que si l'on élisait un Pape malgré les couronnes, il ne serait pas reconnu par elles. » Et pour donner plus de poids à cette menace, les ambassadeurs de France et d'Espagne, au moment où ils parlent de quitter Rome, se font préparer des maisons à Frascati. Aussi Bernis, trouvant qu'on va trop loin dans cette voie, écrit-il au duc de Choiseul (3 mai): « Nous ne pouvons manquer de devenir odieux en attentant d'une manière trop forte et trop générale à l'*indépendance* et à *la liberté* du Sacré Collége.... Il est à craindre que cette rigueur ne jette dans le désespoir au lieu de *conduire à la complaisance* et à la conciliation ; il est aussi à craindre qu'à force de proscriptions, nous ne perdions les voix qui forment notre exclusive » (Crétineau-Joly.)

Alors on essayait de la corruption, le plan en avait été tracé d'avance par un agent de Choiseul, Dufour: « Les cardinaux français auront la liste des amis.... La somme de.... sera ajoutée à la somme principale pour chaque suffrage que l'ami aura procuré.... On pourrait ajouter au marché fait avec eux que l'argent ne sera délivré qu'après le conclave. » (Cité par Crétineau-Joly.) Ce moyen ne paraît pas trop répugner à Bernis : « Avec des ménagements, quelques récompenses et quelques distinctions bien placées, écrit-il à Choiseul, les souverains de la maison de France aplaniraient aisément les difficultés et faciliteraient le succès des affaires dans cette cour. » Certains cardinaux surtout devraient, semble-t-il à d'Aubeterre, être plus traitables que les autres, les deux Colonna, par exemple. « Ces deux derniers sont dans le cas d'avoir beaucoup d'égards pour la cour de Naples; *outre les biens personnels qu'ils ont dans ce royaume*, la plus grande partie de la fortune de leur frère y est, et en leur parlant un peu ferme, s'il est nécessaire, je ne doute pas qu'on les empêche d'aller pour un sujet qui ne conviendrait pas à Sa Majesté Sicilienne. » Il en devrait être de même du cardinal Albani; aussi lui fit-on dire « que la cour de Naples, comptant sur son attachement à tous égards *et aussi à cause des abbayes* que lui et son neveu ont au royaume de Naples, désirait d'être instruite de sa façon de penser.... » Le cardinal d'York, par « reconnaissance pour les bienfaits qu'il reçoit de la France et de l'Espagne, suivra entièrement le parti des couronnes : » ainsi pense d'Aubeterre. Mais quant au cardinal Lante, c'est autre chose : « Dans le dernier conclave il se conduisit très-mal. Je compte lui dire très-nettement que, s'il continuait de se conduire de même dans celui-ci, le roi ne regarderait plus sa maison comme lui étant attachée et retirerait la protection qu'il lui accorde; que de plus, j'ignore ce qu'il arriverait peut-être des revenus qu'il possède en France. » (D'Aubeterre à Choiseul.)

Voilà pourtant comment des puissances catholiques prétendaient violenter ou acheter les consciences des cardinaux; aussi n'avançait-on pas, et Bernis, découragé par le petit nombre de ceux qui remplissaient les conditions exigées par les Cours, écrivait-il : « Il est impossible de former un plan de conduite sur un plan d'exclusive si général qu'il ne comprend à peine que *quatre ou cinq sujets* dont quelques-uns sont trop jeunes. En un mot, les bras tombent toutes les fois qu'il faut prendre la lune avec les dents ou pourrir en prison. » (22 avril.)

Reconnaissant enfin qu'elles ne pourraient faire accepter un de ces quatre ou cinq sujets qui convinssent à la circonstance, c'est-à-dire « sans scrupule, ne tenant à aucune opinion, ne consultant que leur intérêt, » les Cours furent contraintes de tourner leurs regards vers ceux qui, sans remplir exactement ce programme, pouvaient cependant laisser espérer qu'on obtiendrait d'eux l'extinction des Jésuites ; et pour être plus sûr de leur bonne volonté, on songea à leur en faire souscrire la promesse comme condition de leur élection. Le fit-on ? Il n'est pas facile de le savoir; il semble cependant prouvé que l'on fit signer une profession de foi non obligatoire relativement aux Jésuites (1), au moine Laurent Ganganelli, qui fut élu Pape, le 19 mai 1769, sous le nom de Clément XIV.

Ganganelli n'était pas ennemi des Jésuites; il leur devait son élévation au cardinalat, et leur avait plus d'une fois témoigné son estime et sa sympathie ; aussi « pour la plupart des adversaires de la Compagnie de Jésus, l'élection faite ne fut point satisfaisante. » (*Les*

(1) Don Thomas Azpuru, représentant de l'Espagne à Rome, rendant compte à son gouvernement de ce qui s'était passé dans le conclave, dit textuellement : « Ganganelli, n'a pas promis l'extinction des Jésuites, mais il a donné des marques d'être disposé à la mesure. » (*Les Jésuites*, etc)

Jésuites, etc.) Mais il avait cédé à un mouvement d'ambition en acceptant, peut-être en recherchant la tiare; il était dominé par l'idée qu'il reproduirait le règne de Sixte-Quint, cordelier comme lui. Doué d'ailleurs « d'une certaine facilité pour offrir ce qu'il se repentait bientôt d'avoir offert » (*Les Jésuites*), il s'était flatté qu'à force de ménagements, de concessions, d'atermoiements, et aussi d'adresse, il endormirait les colères des puissances alliées contre les Jésuites. Pendant quelque temps il put espérer qu'il y réussirait; don Thomas Azpuru, ambassadeur de Charles III, nommé archevêque de Valence, aspirant au chapeau de cardinal, miné par la maladie, ne poursuivait pas avec ardeur l'exécution de la mesure si vivement désirée par son maître, qui s'était fait l'âme de la persécution avec tout l'acharnement d'une haine personnelle.

Clément XIV « comptait déjà dix-huit mois de pontificat, sans avoir fait autre chose que d'offrir l'expédition d'un *motu proprio*, » (*Les Jésuites*) par lequel il approuverait tout ce qui avait été fait en Espagne. Quand on le pressait davantage, tantôt il enlevait aux Jésuites la direction du séminaire de Frascati, tantôt il parlait de l'incertitude où il était que Vienne acceptât leur extinction; quand les instances se ralentissaient, « il ne s'expliquait que d'une manière de plus en plus vague... Semblable au commandant d'une place pressée d'un assaut rigoureux, et qui s'efforce d'en retarder la reddition jusqu'à recevoir des secours (1) sans savoir d'où,

(1) Qu'on veuille bien ne pas me rendre responsable des fautes de fran-

Clément XIV luttait pour arriver tard *ou ne jamais arriver* à résoudre ce que réclamaient les Bourbons. »

Au bout de trente mois, M. Ferrer constate encore « que les suppliques des Cours à l'égard des Jésuites avaient obtenu seulement que le Souverain Pontife *fît semblant d'avancer* sans se mouvoir de la même place. » Sont-ce là, qu'on le dise, les allures d'un ennemi, d'un homme convaincu des crimes des Jésuites, de la nécessité de leur extinction? Malheureusement pour le repos du Saint Père, Charles III remplaça le mourant Aspuru par Don José Monino, plus tard comte de Floridablanca, fiscal du conseil de Castille, bon regaliste, dit le roi, « mais *ferme* et très-convaincu de la nécessité de l'extinction des Jésuites. » (Charles III à Tanucci.)

Il paraît que le Pape le connaissait aussi bien que le roi, car, en apprenant ce choix, il s'écria, dit-on : Que Dieu le rende au roi catholique! « tant il ressentit *la crainte*, ajoute notre auteur, d'être par lui vivement pressé de laisser enfin les détours et d'aller tout droit au résultat réclamé par les Bourbons. » Et il ne se trompait pas. Charles III perdait patience, le choix de son énergique ministre le prouvait, non moins que ses instructions. Elles se réduisaient à solliciter l'extinction des Jésuites, « en se prévalant de la parole engagée par Clément XIV dans ses lettres à Louis XV et surtout à Charles III et en usant à l'occasion de douceur *ou de menace*. » (*Les Jésuites*.)

çais qui fourmillent dans la traduction de M. Viardot : je suis obligé de la copier scrupuleusement.

Quand un homme du caractère de Monino reçoit de pareilles instructions, on peut être sûr qu'il emploiera plus souvent la menace que la douceur.

L'ardent Espagnol se révéla tout entier dès la première audience, en parlant avec « assez d'énergie » des dispositions du roi son maître, avec lequel « *tout était perdu* » dès qu'on lui inspirait de la défiance. Aussi le Pape « ne fut point satisfait du nouveau représentant de l'Espagne, ayant éprouvé, dès le principe, que celui-ci n'*avait pas l'intention de lui ouvrir la moindre échappatoire*, mais qu'il arrivait avec le ferme propos de gagner du terrain par la voie la plus courte. » (*Les Jésuites*.)

Il essaya pourtant : on souffre de voir ce malheureux vieillard chercher par tous les moyens à éviter ou à reculer le terme fatal. Malgré les promesses qu'il a pu faire inconsidérément, il sent bien qu'on lui demande de sacrifier ses meilleurs et ses plus dévoués défenseurs. Il ne sait à quels subterfuges avoir recours. Comme Pilate espéra sauver Notre-Seigneur Jésus-Christ en le faisant flageller, de même le Pape tente de désarmer le courroux du roi par des demi-rigueurs; tantôt il ôte aux Jésuites « le droit de recevoir des novices, » tantôt il leur enleve « les subsides qu'ils recevaient de la chambre apostolique sous divers pretextes, » ou bien il ordonne « la fermeture du séminaire romain, dont ils exerçaient depuis longtemps la direction, » un peu après celle du collége des Irlandais. Mais tous ces palliatifs ne pouvaient satisfaire Charles III ; il prenait tellement la chose à cœur, que le nonce apostolique écrivait au secrétaire d'état : « On craint qu'il ne prenne quelque résolution extrême et même que son esprit n'en soit dérangé. » (*Clém. XIV.* R. P. Theiner.) Monino, qui avait « pour instruction de recourir *à toute espèce de moyens* » (*Les Jésuites*), donnait libre carrière à son caractère, et avouait lui-même qu'il s'échauffait quelque peu (6 août).

Pour tâcher d'enlever enfin de vive force la suppression, il en remit au Pape un projet assez curieux à faire connaître. Il fallait bien alléguer quelques motifs : allons nous connaître enfin ce fameux *secret du cœur royal?* Non, car Monino veut que le Pape se garde « d'entrer *dans trop de détails* pour ne donner prise à aucune discussion, et avec défense à tous les membres du clergé séculier et régulier de soutenir ou de combattre l'abolition de l'ordre, ou les causes de cette abolition, comme aussi le régime de cet ordre, sous peine d'excommunication majeure réservée au Saint Père. » (*Les Jésuites, etc.*) Et pourquoi tant de précautions? pourquoi refuser aux coupables de leur révéler les crimes qu'ils ont commis, pourquoi toujours *ce secret du cœur royal?* M. Ferrer se garde bien de le dire, car le motif allégué par Monino est une atroce dérision. Heureusement pour la vérité de l'histoire, un autre adversaire des Jésuites, le R. P. Theiner, moins prudent, a conservé ce document; on condamnera donc les Jésuites à la mort sans motifs « afin de ne donner lieu à aucune discussion; ce qui serait également nuisible à la religion *et aux Jésuites, et ne pourrait que diffamer inutilement ces religieux.* »

Touchante humanité! on condamne sans qu'ils sachent pourquoi ces religieux, dans l'intérêt de leur réputation; tant leur bonne renommée intéresse leurs persécuteurs! On les accusera seulement de l'émeute de Madrid, car « avec plus ou moins de fondement on rejetait sur eux la faute de toute chose. » (*Les Jésuites*, etc.) On les accusera aussi de « la mauvaise morale et doctrine qu'ils ont enseignée, » ou enfin « de la persécution qu'ils ont exercée dans tous les temps contre les plus saints évêques et personnages de la monarchie espagnole. »

Le tout par humanité et pour ménager leur réputation!

Cependant le moment allait arriver enfin où le Pape, à bout de subterfuges, serait contraint d'exécuter la promesse qu'il avait imprudemment faite à Charles III; il voulut encore essayer de désarmer ce prince, en offrant de soumettre aux évêques les Jésuites persécutés, et de supprimer l'autorité de leur Général, de suspendre l'admission des novices, et même de faire sortir ceux admis depuis 1770, d'ordonner une visite du noviciat, de leur enlever encore la direction d'une maison; voyant Monino inébranlable, il représenta les difficultés de l'exécution, et enfin se retrancha derrière l'opposition de Venise, de la Toscane, de Gênes, de Modène, de la Sardaigne, et surtout de Vienne, qui protégeaient les Jésuites, disant qu'il ne pouvait mécontenter une partie du monde catholique pour satisfaire l'autre. Monino faillit perdre patience à la vue de cet obstacle auquel il n'avait pas songé : « Je proteste à V. E., écrit-il à Grimaldi, que je ne sais comment je pus me contenir à une telle explication. » (*Les Jésuites...*) L'explosion de sa colère ne fut pas nécessaire, le Pape avait compté comme ressource extrême sur l'opposition de Marie-Thérèse, ce dernier rempart allait tomber ; vaincue par les instances de Charles III, et surtout de son fils le philosophe, Joseph II, Marie-Thérèse écrivit enfin que, « malgré sa constante estime envers la Compagnie pour son zèle et sa bonne conduite dans les États Impériaux, elle ne mettrait aucun obstacle à sa suppression, si le Saint-Père la trouvait juste, convenable et utile à l'union de l'Église. » (*Les Jésuites....*) Clément XIV, forcé dans ses derniers retranchements, ne pouvait plus que signer la bulle de suppression, c'est ce qu'il fit après quelques lenteurs inutiles le 21 juillet 1773; mais comme pour lui donner moins de solennité, comme pour permettre de revoquer plus facilement un jour ce décret fatal, comme pour témoigner de sa répugnance à y souscrire, Clément XIV ne voulut pas lui donner la forme solennelle d'une bulle, mais d'un simple bref; et encore ne reçut-il pas la publicité ordinaire, ne fut-il pas affiché aux lieux accoutumés, et ne fut-il pas notifié selon les formes exigées par le droit.

Ce bref tel quel fait connaître mieux que tout le reste les secrètes sympathies de Clément XIV. Le Pape n'y condamne pas les Jésuites, il ne croit pas à leur prétendue culpabilité ; le seul considérant sur lequel il s'appuie, est le désir de la paix. Chargé de la conserver dans le bercail de Jésus-Christ, la voyant violemment troublée à l'occasion de ces religieux, il les supprime dans l'espérance de la voir se rétablir ; il les supprime aussi dans leur intérêt, pour leur assurer le calme après une existence si agitée, « pour apporter des secours et des consolations à chacun des membres de cette Société dont nous chérissons, dit-il, tendrement dans le Seigneur tous les individus, afin qu'étant délivrés de toutes les contestations, disputes et chagrins auxquels ils ont été en butte juqu'à ce jour, ils cultivent avec plus de soin la vigne du Seigneur. » (Bref *Dominus ac Redemptor.*) Sont-ce là les paroles d'un juge qui condamne des coupables : ne sont-ce pas plutôt celles d'un père qui sacrifie, malgré lui, des enfants qu'il aime, au désir de la concorde ?

Oui, malgré lui ; le Pape eut la main forcée ; que M. Ferrer le veuille ou ne le veuille pas, c'est ce qui résulte clairement de son récit même, que j'ai souvent copié ; mais qu'il n'en soit pas fâché, c'est alors seulement qu'il est d'accord avec l'histoire. L'histoire interrogée donne à chaque page la même réponse, elle nous a appris quel était le caractère de Monino, et quelles instructions sévères lui avaient été données ; elle nous a fait voir le Pape reculant tant qu'il lui fut possible ; sachant, « grâce à son extrême sagacité, allonger la négociation non moins de cinquante mois » (*Les Jésuites...*) ; elle nous dit : « Le Pape n'a promis que par nécessité l'extinction si demandée. » (Abbé Clément. *Journal*). « Tourmenté tour à tour par les reproches de sa conscience et les réclamations des puissances... sans amis, sans conseils, il passait ses jours dans le trouble, et ses nuits dans l'insomnie. » (Schœll.) Elle nous dit encore : « Le Pape prenait tous les tons pour se concilier les Bourbons, *sans s'associer à la vengeance* qu'ils voulaient tirer des Jésuites. » (De Saint-Priest.) Enfin elle résume ces témoignages par la bouche du diplomate Bourgoing, spectateur désintéressé de cette lutte, et qui dit : « Ce fut lui (Monino) qui *arracha* plutôt qu'il n'obtint le bref de 1773. » (Cité par le P. de Ravignan.)

Ce fut le 16 août, que le bref fut envoyé à tous les évêques de la chrétienté. Partout les Jésuites se soumirent, quelque pénibles que fussent les conditions de leur obéissance ; ainsi, pour ne citer qu'un exemple, au moment de la notification du bref, les missionnaires de Chine débarquaient sur les côtes du Céleste Empire, sous les plus heureux auspices. L'empereur, plein de bienveillance pour eux, les appelait à sa cour ; or, refuser une grâce impériale, c'est, en Chine, un crime de lèse-majesté. Placés entre l'obéissance due au Pape et l'espoir bien fondé du plus beau triomphe que puisse désirer un missionnaire, joint au danger qu'ils peuvent courir de la part du prince irrité, les Jésuites n'hésitent pas, ils prennent le parti de regagner l'Europe.

Partout se renouvelèrent, avec des circonstances plus ou moins pénibles, ces tristes séparations des pasteurs et du troupeau qui les aimait. Combien de missions florissantes furent détruites! Combien de populations évangélisées au prix des sueurs et du sang de leurs missionnaires durent être abandonnées! Combien de peuplades civilisées avec peine, retournèrent à leurs forêts et à leurs mœurs grossières! Pour des hommes qui, par amour pour ces pauvres sauvages, avaient tout quitté, c'était sans doute le coup le plus cruel, le seul coup qui pût les atteindre. L'obéissance n'était-elle pas ici de l'héroïsme? et il fallait qu'elle fût bien enracinée au cœur de ces religieux dont on a pu dire : « Ils ont prouvé par leur soumission au chef de l'Eglise et par leur constante modération, que l'institut qu'ils professaient méritait d'être conservé dans l'Église puisqu'il avait formé des enfants aussi dociles. » (*Mémoires pour servir à l'histoire des événements*, par l'abbé Georgel.)

Ces faits n'empêchent pas M. Ferrer de lancer contre eux cette incroyable accusation : Ils « désobéirent au Pape, tandis que plusieurs d'entre eux l'outrageaient par des libelles publiés en différents endroits. » (*Les Jésuites.*) M. Ferrer pourrait-il citer ces libelles écrits par des Jésuites? Je l'en défie.

Les enfants de saint Ignace obéirent sans murmurer, partout où le bref leur fut notifié, même dans les pays où leurs travaux étaient plus utiles, leur présence plus appréciée et la désobéissance plus excusable; dans quelques diocèses, les évêques, juges de l'opportunité de l'exécution du bref, ne le promulguèrent pas; ils voulurent que les Jésuites continuassent leurs travaux; dans ces cas l'obéissance pour les Jésuites consistait à demeurer Jésuites (mandement de l'évêque de Vilna); c'est ce qui explique leur existence en Prusse, où Frédéric, qui savait à quoi s'en tenir sur les accusations philosophiques, voulut les retenir. « La Société, dit le P. Theiner, demeura, à la vérité, en possession de tous les colléges et de l'université de Breslau, jusqu'aux tristes époques de 1806 et de 1811 ; mais elle rentra dans la classe des *prêtres séculiers* et *n'admit plus de novices.* » C'est ce qui explique également leur existence en Russie, où Catherine obtint du Pape, pour vaincre leurs scrupules exprimés dans une lettre collective, l'autorisation de continuer à vivre en religieux, autorisation renouvelée bientôt par Pie VI, qui, suivant M. de Saint-Priest, «maintint la suppression de la Société, dont secrètement il favorisa la propagation en Russie (1). »

Ici donc, comme toujours, les accusations de M. Ferrer ne sont pas justifiées.

J'en ai fini avec cet auteur; on peut maintenant, pièces en main, juger comme elle le mérite cette œuvre de haine.

Si M. Viardot, du *Siècle*, eût pris la peine d'étudier la question, j'aime à croire qu'il n'aurait pas eu le front de « *féliciter sincèrement* » l'auteur, de le « *remercier de*

(1) Pie VI favorisa, il est vrai, la propagation de la Compagnie de Jésus en Russie, mais il n'en maintint pas la suppression, comme le dit M. de Saint-Priest, puisqu'il les rétablit à Parme, à Naples, avant même la grande réhabilitation de 1814.

ce beau et consciencieux travail. » Je crois qu'il n'aurait même pas osé le traduire, non pas peut-être par haine de l'erreur et du mensonge,— les esprits prévenus sont quelquefois contraints de ménager de pareils alliés, — mais par respect pour sa réputation. Quelle autorité, quel poids désormais peuvent avoir les écrits d'un homme qui donne droit de cité dans notre langue à une série d'accusations banales que rien ne prouve, et qui se trouvent être fausses; d'un homme qui, pour servir ses haines, écrit en tête de son livre ce titre aussi fastueux que trompeur : *Les Jésuites jugés par les rois, les évêques et le Pape?* C'était trop compter sur la déplorable légèreté de notre époque, qui se laisse éblouir par un titre, et va rarement au delà. Il n'obtiendra qu'un sourire peu flatteur de ceux qui savent que les Jésuites condamnés et même persécutés par des rois faibles, corrompus ou trompés; défendus par plus de deux cents évêques au temps de leur suppression; sacrifiés par un Pape contraint et forcé; loués et encouragés par vingt-quatre Souverains Pontifes, attendent encore et demandent en vain des juges!

Imprimerie de W. Remquet et Cie, rue Garancière, 5.

BIBLIOTHEQUE NATIONALE DE FRANCE
3 7531 03766504 0

www.ingramcontent.com/pod-product-compliance
Lightning Source LLC
LaVergne TN
LVHW010044230826
846091LV00005B/1858

* 9 7 8 2 0 1 3 3 8 3 3 6 3 *